Lee So-am

시인 이소암

구절초

이소암

어느 가느다란 손가락이
마디마디 아홉 개 통로를 열어 놓고
팽팽찬 향기 당겨
텅텅, 가을 산 울리게 하는가

「구절초」 자필 원고

눈·부·시·다·그·꽃!

이소암 시집

눈·부·시·다·그·꽃!

■ 시인의 말

詩, 청춘이었다

   사랑하는 이였다

   존재 근원이었으며 힘이었다, 그럴 것이다.

2016년 가을에
지은이 이남예나

차 례

- 시인의 말
- 해설

제1부 눈·부·시·다·그·꽃!

근황 • 15
초승달 • 16
길 • 17
하모니카 소리 • 18
구절초 • 19
그믐달 • 20
봄맞이 • 21
입술 물집 같은 봄 • 22
찔레꽃 지다 • 23
봄밤 • 24
바람에게 • 25
병病 • 26

눈·부·시·다 그·꽃! • 27

낙화 • 28

하산 • 29

칠복수 • 30

내장산 • 31

청춘 • 32

단풍나무 • 33

살풀이춤 • 34

신시도 해국海菊 • 35

코스모스 • 36

환청 • 37

백지 심지 • 38

퇴고推敲 • 39

제2부 답장 없는 편지

답장 없는 편지 • 43
첫 마음 • 45
고백 • 46
성城 • 48
봄비 • 49
너라는 이름을 가진 별 하나가 • 50
봄에게도 귀가 있어 • 51
너에게 안부를 묻다 • 52
돌의 입 • 53
약藥 • 54
메아리 • 55
소식 • 57

봉숭아물 • 58
몸으로 보여 준 말씀 • 60
힘 • 61
여름 • 63
서해西海에게 • 64
호외號外 • 65
그대에게 하고 싶은 말이 있다 • 67
이명耳鳴 • 69
우리는 아무 말도 하지 않았다 • 70
싸락눈 • 71
악기樂器 • 72
해빙기解氷期 • 73
바라건대 • 74

제1부
눈·부·시·다 그·꽃!

근황

구절초 향기로 지은 옷 입고

달빛 베고 누운 서릿발 곁에 서서

가을 흐르는 소리, 하나 둘

받아 적고 있습니다

초승달

실업失業의 사다리

달까지 이르렀네

배고픈 사람들

늦가을 달 갉아먹어

달, 저토록 야위어 버렸네

길

너는 거기 있어라
오지도 말고
가지도 말고
그대로 있어라
내가 너에게 가마
너로부터 돌아오마
사무치게 그리운 날 있거든
네가 있음 또한 잊어버리마
온전히 내게로 돌아오마

하모니카 소리

그의 집은 칸칸이 어두운 동굴,
그가 막 그곳을 빠져 나왔을 때
그의 가슴은 온통 비에 젖어 있었다

구절초

어느 가느다란 손가락이
마디마디 아홉 개 통로를 열어 놓고
팽팽한 향기 당겨
팅팅, 가을 산 울리게 하는가

그믐달
— 2012년 대선이 끝난 후

그리하여
이 깊은 밤, 너를 보며 화장이나 고칠까 했더니
너는, 내 눈 속에 비친 너를 가다듬고
벌써 떠날 채비하고 있구나

봄맞이

봄이 출렁거리니 꽃들이 튀어오른다

아가야, 아장아장 걸어가 그물 가져오너라

첨벙첨벙, 봄 속으로 뛰어들어 꽃 건져 주마

입술 물집 같은 봄

봄비 소리에
애절처절 잠 못 든
주인을 닮았을까
밤새 뒤척이던 블루베리,
입술 물집 같은
봄, 매달고 섰다

찔레꽃 지다

오월 햇살에 하얀 손 내주며 내주며
떠나간 사람 뒷모습 떠올리며 떠올리며
한나절 내내 우는 찔레야, 울지 마라
사랑은 본디 통증 아니겠느냐
통증 없는 사랑은 죄다 헛것 아니겠느냐

봄밤
— 낙화

매화 향기에 취한 저 달
나뭇가지에 부딪쳐
지상에 하얀 이 흩어진 줄 모르고
바람에 흐르는 줄 모르고
홀로, 저 산을 넘으려 하네

바람에게

살구꽃 대문은 자주색 대문
살구꽃 대문은 다섯 쪽 대문인데
저런! 오늘 보니 발라당 뒤집혔다

누구냐,
살구꽃 불러낸 놈
조신한 살구꽃 환장하게 만든 놈, 너냐?

병病

봄꽃 데리고 호수로 소풍 왔던 산山아,

물고기 한 마리 호수를 박차고
또 튀어올랐다

저 물고기, 처음 본 봄꽃 못 잊어
여름 다 가도록
쓰디쓴 허공만 베어 물고 있단다

눈·부·시·다·그·꽃!

오다 가다 만난 꽃

가다 오다 만난 꽃

단 하나의 이름 있네,

눈·부·시·다·그·꽃!

낙화

눈물마저 향기로워
그림자까지 젖게 하는
매화, 떠나가네

그 속으로
떠난 지 오래된
그대, 또다시 떠나가네

하산

모악산 중턱
한 무리 청춘들,
울퉁불퉁 매끄럽고
길쭉하고 동글동글한 웃음소리
폭포수처럼 쏟아내고 있다
그 웃음소리
발밑에서 멈춘다
손바닥 위에 올려놓고
한참을 들여다본다,

무엇을 더 구하랴!

칠복수*

동자승 머릿빛 칠복수,
허공에 매달아 놓으니
구불구불 물어물어 찾아온 바람이
옥색 풍경소리, 가만히 놓고 간다

---

* 다육식물의 일종

내장산

나당 연합군 같은 가을
올 테면 오라,
서슬 푸른 눈 뜨고
끄떡없다, 그랬지
그랬지

그러나
홍홍색색 단장하고
첨벙!
가을 속으로
가장 먼저 뛰어든 건, 그녀였다

청춘

용산발 목포착 KTX
부용역*을 휙, 지나갔다

---
* 전라북도 김제시 백구면 월연대길 313에 있는 역.

단풍나무

홍학이다,

텅 빈 하늘에

붉은 깃털 몇 점

그림자로 떨궈 놓고

훌쩍 날아간

살풀이춤

깊은 밤
한恨 많은 사내
전봇대 붙들고
액厄 풀어내고 있다
겨우 입추立秋,
저 유연한 춤사위가
한없이 시리다

신시도 해국海菊

신시도 바람이 바위틈에 낳은 꽃

한여름 내내 알을 품듯

바위가 품어 길러낸 꽃

간질이면

열여덟 살 소녀같이 까르르르 웃는,

신시도 해국!

코스모스
— 마지막 편지

흔들릴지라도
나는, 너로부터 멀다

환청

댓잎 위
눈 내리는 소리,
마음 가득 차올라
비우고 또 비워도
소리 가득 남았어라

가만히 눈 감고
귀 기울여 들어보니
천 리를 넘어
날아든
네 목소리였구나

백지 심지

그대 눈물샘 가까이 내 혀뿌리 내려
섣달그믐밤, 들기름 잔에 누운 백지 심지 되리
그 옛 밤, 그 불빛, 일 년 어둠 몰아내었듯
저 깊은 곳에서부터 그대 가슴 치밀며
우북수북 자라나는 슬픔 태우려, 다 태우려

퇴고推敲

소 발톱처럼 뭉뚝한 연필심 깎고 또 깎아

바늘 끝에 글자를 새겨 넣는 것,

그 위에서, 글자 스스로 춤추게 하는 것

제2부
답장 없는 편지

답장 없는 편지

날마다 답장 없는 편지를 쓴다
오래 머물러 있던 몹쓸 병은 깊어져
추억은 늘 앓고 난 얼굴처럼 까칠하다
하지만 정녕, 지나간 나의 청춘과
마음의 푸른 잔디밭을 의심하지는 않는다
그대는 아직도 청춘의 푸른 잔디밭 위에
빛나는 햇빛처럼 서 있다
아는가,
나는 그대를 향해서만 피는 남바람꽃,
낮은 바람에도 휘청이며 흔들리며
편지를 쓰는 것은
아직 할 말이 있어서이다
강변의 물처럼 재잘거리며
마음 속 말을 다 쏟아내지 못함 또한
할 말이 너무 많아서이다
그러나 그것은 그만큼 그대를 모른다는 것,
얼마나 다행인가!

콘크리트 건물 어둠까지 허물어뜨리는 달
뜨고 지고 뜨고 뜨듯
날마다 밤마다 답장 없는 편지
쓰고 지우고 다시 쓰고 또 쓸 수 있으니

첫 마음
— 자귀나무꽃

겨울 연못 속
고개 묻고 숨죽여 울던
연밥 같은 사랑 있었어라
꿈에서조차 방황하게 했던
아픈 사랑 있었어라
이 사랑,
떠돌이별만큼은 알고 있었어라
무량억겁 지나도
무한 우주 공간 첫 마음 알기에
얼굴 서로 마주하게 하였어라
마주 보는 얼굴 붉어졌어라
떠돌이별 얼굴도 붉게 물들었어라

고백

한때 우리는 서로를 향해 격렬히 흘러가는 물살이었다
마주 보는 눈을 일곱 빛깔로 물들이던 채운彩雲이었다
그러나 청춘이여, 가장 나빴던 시간이여,
음미할수록 독毒은 빠르게 퍼져갔다
밤이면 은백의 달빛이 창문 가까이 내려와
안쓰러운 듯 얼굴을 쓰다듬었다,
연초록 나뭇잎 위를 기어다니며
수액을 모아 링거팩에 넣어 주었다
삶은 너덜너덜해진 고무신 같았다
창가의 프리지아는 언제든 달릴 수 있다고 목이 터져라 외쳤다
그러다 지치면 병실 가득 슬프디 슬픈 향기를 쏟아내며 나 대신 울음을 울었다

새끼발톱처럼 뭉개졌던 나의 청춘은 지나갔다
독이 되었던 시간도 다 잊혀졌다, 고 기억에 쓴다면
그것은 나를 속이는 헛기침에 불과하다

나는 여전히 낡은 고무신을 신고 있으며
아직도, 나만의 하늘에 너의 이름만을 기록하고 있다

성城

햇빛 없이 물도 없이 자라는 기억이 있습니다

해가 거듭될수록

꽃을 피우고 열매를 맺어 씨앗을 퍼뜨렸습니다

저희끼리 힘을 모아 성을 구축했습니다

이젠 그 성이 나를 가둬 버렸습니다

나는 굳이 탈출을 꿈꾸지 않습니다

그게 바로 당신이라는 성이기 때문입니다

봄비

5월 마지막날에
5월 마지막 봄비가 내린다
창밖을 보고 섰던 나는
나도 모르게 입을 오므려
봄비, 나직하게 봄비를 부른다
그 사이
네가 찔레꽃으로 피었다 진다
네가 봄비처럼 섰다 사라진다

내일이면 더 푸르러질 허공 한 줌
서서히 내려오고 있는 게 보인다

너라는 이름을 가진 별 하나가

바람소리 물소리 엮어 만든
푸른 날의 오두막에
너라는 이름을 가진 별 하나가
반짝반짝 빛을 내고 있다
내가 알고 있는 것 중 하나
추억에도 휴식이 필요하다는 것,
하지만
네가 살고 있는 그곳엔
낮과 밤이 없어
네가 살고 있는 그곳엔
흐르는 계절이 없어
너라는 별만 바라보다가, 그만
내 이름마저 잊게 되었다
아직 멀었다,
나의 이름을 기억해 내기엔

봄에게도 귀가 있어

오동나무 가지 위
이름 모를 저 새
지저귀는 소리,
가야금 현絃 위
통통, 뛰노는 물방울 같다

봄에게도 귀가 있어
햇빛 조는 언덕에
노란 민들레 앉혀 놓고
한 발짝 비켜 앉아
까딱까딱, 발장단 치고 있다

너에게 안부를 묻다

꽃나무 저것들, 꽃 피우는 걸 보면
겨울 한철 땅속 깊이에서
온갖 불륜 다 저질렀을 게야
불륜이 아니고서는
저렇게 간절한 꽃 피워낼 수 없을 테지
그래도 세상은 질서가 필요하다고
눈치 빠른 바람이 칼자루 빼어들고
요것들, 하면서 휘둘렀을 게야
지은 죄 많은 저것들
할 수 없이
순순히 목 내주었을 게야

네 목을 만져 봐, 넌 생생하니?

돌의 입

차마 못한 말,
학이 수놓여진 비단주머니 안에 넣어 뒀습니다
그대여, 혼자였으나 혼자라는 사실이 믿기 어려울 때
얼레를 풀듯 명주실 살살 풀어 보세요
비단주머니를 열어 보세요
푸른 하늘이 환하게 열릴 거예요
눈부신 학이 눈을 비비며 날갯짓할 거예요,
풀잎 끝 이슬이 툭, 제 몸을 던지듯
차마 못한 말, 씨울씨울 전해 줄 거예요
그 학을 타고 오세요
학연鶴鳶처럼 솟구치듯 날아
자작나무 숲으로 오세요
그곳에
돌의 입을 가져 반백 년 고독한 꽃나무,
자작나무같이 하얀 미소 지으며
그대, 기다리고 서 있을 테니

약藥

간밤 소쩍새 울음소리
이끼 긴 바위에 스미고 스미었나
손끝으로 가만히 눌러보니
물큰, 피어나는 서러움의 냄새!
그만 잊어버리라고,
어깨 야무지게 잡고서는
햇빛에 탈탈 털어
무지개 오르내리는
저 산마루에 걸쳐 놨으면

메아리

덤불 같은 세상
돌아오지 마라
달아나라, 달아나라
바람 속으로, 저 푸르름 속으로

아무도 찾지 못하게
낯설고 낯선 골짜기로 가
더 낯설고 낯선 꽃을 만나
그 꽃의 꽃술 속에
숨어 버려라

세상일쯤이야
너끈히 잊어버리고
구름 위에 머물던
빗방울의 마음으로
긴 잠을 자도 좋으리라

그러나 정작
너를 기다리는 사람
단 한 사람이라도 있거든
그땐 돌아오너라
다 버리고,
맨몸으로 돌아오너라

소식

이리 갈까 저리 갈까 망설이는 사람 있었지요

돌아가는 게 좋겠다고 말했지요

너무 멀다고 화를 내더군요

빠른 길로 가면 되겠다고 했지요

밋밋하다고 투덜대더군요

그럼 일생 동안 그네를 타면 된다고 했습니다

그런 그가
지금도 그네를 타고 있다는 소식, 어제 들었습니다

봉숭아물

달이 또 다른 창을 낼지 몰라요
그러면 별도 따라 내려올 거예요
잠들지 못한 뒷집 삽살개도
발뒤꿈치 들고 엿보려 하겠지요
둘만의 첫날밤을 위해
암막커튼으로 단단히 가려야 해요
서둘러 불을 꺼야겠지요
하지만 우리는 잠들지 않을 거예요
초조와 불안이 공격해 오더라도
서로의 생生에,
하나의 뿌리를 내려야 하니까요
추위에 떨 겨울새를 위하여
새장을 지어야 하니까요
밤새워 지어야 하니까요
아침이 달려오는 소리 들리기 전
암막커튼을 활짝 젖히고, 창밖으로
빠알간 새장을 매달아 두겠어요

겨울새들,
휴식을 취하며
두꺼운 외투 준비하겠지요,
첫눈 내리기 전까지

몸으로 보여 준 말씀

이제야 알겠네

강물이 천 년 만 년

흐를 수 있었던 건

아름다운 구름

화려한 단풍을 만날지라도

다!

거기, 두고

훌훌 떠난 데 있었음을

힘

거추장스런 이 몸으로부터
벗어나고 싶은 날이 있었다
아무도 모르게
작아지고 싶은 날이 있었다
어느 공장 재봉사가 밤새워
재봉틀을 돌렸을 그 바늘땀보다
더 작아지고 싶었다

매미 허물은 너무 크다
작아져서,
그거라도 뒤집어쓰고 싶었다
비가 오면 맞으리라
바람이 불면 구르리라
눈이 오면 웅크려 잠을 자리라
그러다 죽으면 그만이리라
그러다 죽으면 그만이리라,
그런데도

하루 두세 번 배가 고프다
징글징글한 밥,
가만히 들여다보니
처절하게도
쌀눈이 노랗고 예쁘다

여름

은파 호수 무대 위
살풀이춤 무희舞姬
아카시아꽃 같은 버선발로
허공을 사뿐이 들어올린다

보내야 할 때를 알았음일까

이 산 저 산
봄春 맥脈 짚던 뻐꾸기,
노잣돈 같은 울음
굿거리 장단 속으로
슬며시 밀어넣는다

서해西海에게

수시탑 흰 돛단배 탐내던 서해여,
해망령* 넘나들던 달님 눈 감기고
해망정** 터줏대감 귀를 채운 채, 거칠게
물살 밀고 다녀갔구나
그러나 흔적은 남는 것
지워도 남는 것
층층이 펼쳐진 파도 껍질들,
한 겹 한 겹 딛고 수시탑에 올라
가쁜 숨 잠재우며 너를 바라본다
네게 묻는다는 것
되돌아올 대답이
무엇인 줄 알면서 묻는다는 건
가슴으로부터 너를
그만큼 더 밀어내는 것이다
보라, 너는 지금도 팔 베고 누운 채, 태연히
물결만 토닥이고 있지 않느냐

---

* 해망령은 옛 월명산 큰재(고개)를 일컬음.
** 해망정은 현재 수시탑 자리에 있던 정자를 가리킴.
  (해망령과 해망정은 조선 숙종 때 만들어진 '군산 진지도'에 표기되어 있음)

호외號外

그러하니

조간 석간 할 것 없이
활자 없는
백지 신문 만들어야겠네
그 신문 고이고이 품에 안고
오성산*에 오르겠네
오성인五聖人**께 무릎 꿇고,
부끄러운 마음으로
백지 신문 올리겠네

오성인 말씀, 계셨으면 좋겠네
금강錦江을 들었다 놓듯
호령하는 말씀도 좋고
미풍이 억새꽃 어루만지듯
나긋나긋 타이르는 말씀도 좋겠네
말씀만 계시오면, 그 말씀

낱낱이 받아 적어
세세히 옮겨 적어
어느 새벽
호외로 내보내겠네
목이 터져라 외쳐 보겠네

---

　* 전북 군산시 성산면에 있는 227m의 산.
　** 당나라 소정방이 백제 침략 당시, 짙은 안개 때문에 길을 잃어 우왕좌왕하다가 다섯 노인에게 백제의 수도 사비성으로 가는 길을 물었다. 다섯 노인은 적에게 길을 알려 줄 수 없다고 거절하여 모두 죽임을 당했다. 소정방이 사비성을 점령하고 돌아오는 길에 다섯 노인의 충절을 높이 사, 그들의 시신을 거두어 오성산에 묻어 주었다고 전해짐.

그대에게 하고 싶은 말이 있다

그대에게 하고 싶은 말이 있다

나의 혀는
봄비가 내려도 좀처럼 싹 트지 않는 호두알이거나
가뭄에 타들어간 고추 모종이거나
햇볕에 잘 마른, 풀먹인 창호지 문이거나
불을 쉽게 허락하지 않는 생솔가지였다

그러나 이제
바람에 일렁이는 나뭇잎 만지면
음계音階가 손끝으로 전해질 나이,
꽃봉오리만 바라보아도
꽃 피는 소리 들을 수 있는 나이,
입안에, 만개한 목화송이 밍밍하게 머문 것같이라도
그대에게 하고 싶은 말이 있다
메꽃 피어나는 이른 아침이어도 좋겠다
초저녁별이 처마 밑을 기웃대는 저녁이어도 좋겠다

무릎에 그대의 머리를 얹고
먼 옛날을 함께 기억해낼 수 있다면
언제라도, 그대에게 하고 싶은 말 할 수 있겠다

이명耳鳴

참다 못한 귀가
눈 대신 안경을 썼다
눈은 오랫동안 실수투성이었으므로

이제 눈은
오직 귀를 의지하여 세상을 볼 수밖에 없다
귀를 통하지 않고는 살아남을 길이 없었으므로

눈은 더 이상 실수하지 않았다
하지만 귀는 보지 말아야 할 것까지
다 보여 주느라 피곤해졌던 것이다,
어지렁뱅뱅어지렁뱅뱅
돋보기 쓰고 울고 있게 된 것이다

우리는 아무 말도 하지 않았다

해 질 무렵이면
창 가까운 쪽으로
의자를 옮기는 습관이 생겼다
의자 끝에 걸터앉아
창밖 목련나무 위에서 두리번거리는
새의 침묵을 듣는 것도
나를 내버려 두는 것도, 괜찮았다
하지만 새가 날아간 뒤
새의 체온을 기억하는 나뭇가지 홀로
가늘게 몸을 떨며 흐느낄 때
나는 나도 모르게 탄식하며
돌 틈 냉이꽃처럼 휘청거렸다
노을은 익숙한 듯
나의 이마에 손을 얹고
슬픔의 온도를 재고 있었지만
또 한 차례의 봄이 흘러가고 있을 뿐
여전히, 우리는 아무 말도 하지 않았다

싸락눈

마루에 앉아
하고픈 말 마저 하지 못해
싸락눈, 싸락싸락 내린다고 생각하고 있을 때

아무거나 들이지 않는 아궁이 때문에
앞치마자락에 눈물콧물 닦으며
흐물흐물 순두부처럼 부엌을 나온 어머니는
어메, 시상으나
하느님도 가난하여
싸래기밥 드시나벼, 하신다

싸락눈 그치지 않고 내린다,
나는 마음 속 못 다한 말이 아프고
어머니는 가난 든 싸래기밥이 아프다

악기樂器

눈 내리는 밤
텅 빈 늙은 매미의 관棺
등나무 가지에 매달려
詩여,
生이여,
흔들흔들 연주를 한다
귀 세운 함박눈 가로등 주위로
어깨 좁히며 밀려 밀려드는데
나는 가만히 내 몸을 두드려 본다
현絃 끊어진 거문고라도
될 수 있나 하고

해빙기解氷期

　당신이 내 안에 집을 지은 뒤, 심장으로 돌아와야 할 핏줄 하나가 자꾸 길을 잃었소. 그 핏줄 때문에 나는 당신의 집 가까이 벽을 세워 당신을 가두었소. 많은 눈 내려 사방이 고요한 날, 눈은 또다시 내리고 쌓여 또 하나의 벽을 세웠소. 당신과 나는 각각의 벽에 갇힌 채, 긴 겨울 먹이를 구하지 못하는 짐승이 되었소. 각각의 하늘만 바라보는 슬픈 짐승이 되었소. 우리를 의심한 별들이 자꾸 눈을 비비는 캄캄한 밤이었소. 눈 밝은 별 하나가 나의 어깨에 내려앉아 곧 봄이 올 거라고 귀띔하였소만, 아직도 그치지 않고 내리는 눈, 벽은 더없이 견고해져 갈 것이오. 아, 그러나 나는 분명히 들었소. 어느 연못을 떠돌다 온 눈, 그 눈의 몸에 묻어 온, 얼음장 쩡쩡, 금 가는 소리!

바라건대

기다리는 이 오지 않거든
은파 호수로 오라
가로수 길 따라 걸으며, 그의 이름을
가로수 나뭇잎마다 매달아 놓으라
단단히 매어 두라
비 오는 날에는
젖을까 염려하는 마음으로 오고
태풍 오는 날에는
기도하는 마음으로 오라
가을이 오거든
서둘러 오라
빛을 잃기 시작한 것들은
머지않아 힘을 잃게 된다
그의 이름이 퇴색하기 전에
서둘러 거두어라

그러나 보이지 않는 것들은

우물 속에 떨어진 눈발처럼
쉽게 잊혀진다, 바라건대
와야 할 봄이 오거든
은파 호수로 오라
강물 뒤척이는 새벽이어도 좋고
노을 지는 저녁이어도 좋다
포플러나무가 있는 벤치로 오라
그곳에 앉아
고이 간직했던 그의 이름을
포플러나무 잎새마다 놓아주어라
그의 이름은 푸른 물고기처럼
파닥파닥, 꼬리지느러미를 흔들며
허공을 헤엄치리라, 때로
지상으로 내려올 듯 군무群舞를 하리라

그러던 어느 날
그 어느 누군가가

그믐밤 같은 낯빛으로
은파 호수를 지나가거든, 우렁차게
그를 불러 세우게 하라
그의 눈빛과 마주하게 하라
그의 가슴 속 말을 듣게 하라
단단한 그의 말이 빠져나온 자리에
꺼지지 않는 불꽃, 심어, 자라게 하라
스러져가는 불빛들에게 등을 내주게 하라
기다리는 이여,
그의 이름 희망이여!

■ 해설

자연적 존재 '그대'와 열여덟 살 소녀의 첫날밤

— 문흥술(서울여대 국문과 교수·문학평론가)

1. 자연의 향기, 소리, 그리고 받아 적기

이소암 시인은 2012년에 발간된 시집 『내 몸에 푸른 잎』(시문학사)에서 "다시 태어나면/깊은 산 속/하얗디 하얀/구절초로 피어나리//푸른 물소리에 귀 씻고/맑은 이슬에 얼굴 씻으며/그대를 기다리리"(「함박눈 골려 내리거든-슬픈 인연」, 62쪽)라고 노래하고 있다. 다시 태어나면 구절초가 되어 그대 곁에 머물고 싶다는 바람은, 이승에서 그대와의 사랑이 불가능하다는 것을 역설적으로 표현한 것이리라. 아마도 그대가 현실에 부재하거나, 혹은 현실에 존재하더라도 나의 사랑을 외면하기 때문이리라. 이유야 어쨌든, 그대에 대한 나의 지극한 사랑을 읽을 수 있지 않은가.

그런데 2016년에 발간되는 이번 시집에서 시인은,

>구절초 향기로 지은 옷 입고
>
>달빛 베고 누운 서릿발 곁에 서서
>
>가을 흐르는 소리, 하나 둘
>
>받아 적고 있습니다
>
>— 「근황」, 전문

라고 노래하고 있다. 시인은 '구절초'로 다시 태어나는 것이 아니라, '지금 이곳'에서 '구절초 향기로 지은 옷'을 입는다고 한다. 이 표현에는 죽어서가 아니라 '지금 이곳'에서 그대와 함께 하겠다는 시인의 의지가 함축되어 있다.

하지만 시인의 그런 사랑을 그대는 전혀 모르는지, 시인은 홀로 외롭게 '달빛 베고 누운 서릿발 곁에' 서 있다. 칠흑 같은 어둠 속, '서릿발' 선 혹독한 추위, 그리고 그대 없이 홀로 서 있는 시인. 이를 두고 절대 고독이라는 표현을 쓸 수 있을 것이다. 그렇다면 시인의 이번 시집은 홀로 남겨진 상처받은 이의 처절한 외로움으로 가득해야 할 것이다.

그런 예측이 잘못되었다는 것을 알려주는 것이 '가을 흐르는 소리, 하나 둘', 그리고 '받아 적고'이다. 가을 흐르는 '소리'라니. 가을이 깊어간다는 것을 우리들은 보통 눈으로 확인한다. 무더운 여름이 지나고 선선한 날씨에 한잎 두잎 단풍이 드는 걸 보면서 가을이 짙어간다고 느끼지 않는가.

그런데 '가을 흐르는 소리'를 듣다니. 그것도 '받아 적'다니. '향기로 지은 옷', '가을 흐르는 소리', '하나 둘 받아 적고'라는 시적 표현이 어떻게 가능한 것인가. 혹시라도 시인이 수사적 내지 기교적 차원에서 마련한 교묘한 시적 장치인가. 그렇지 않고 시인의 치열한 시 정신에서 우러나오는 시인만의 독창적인 시적 표현인가.

2. 향기로 지은 옷 입기

한때 우리는 서로를 향해 격렬히 흘러가는 물살이었다
마주 보는 눈을 일곱 빛깔로 물들이던 채운彩雲이었다
그러나 청춘이여, 가장 나빴던 시간이여,
음미할수록 독毒은 빠르게 퍼져갔다
밤이면 은백의 달빛이 창문 가까이 내려와
안쓰러운 듯 얼굴을 쓰다듬었다,
연초록 나뭇잎 위를 기어다니며
수액을 모아 링거팩에 넣어 주었다
삶은 너덜너덜해진 고무신 같았다
창가의 프리지아는 언제든 달릴 수 있다고 목이 터져라 외쳤다
그러다 지치면 병실 가득 슬프디 슬픈 향기를 쏟아내며
나 대신 울음을 울었다

새끼발톱처럼 뭉개졌던 나의 청춘은 지나갔다
독이 되었던 시간도 다 잊혀졌다, 고 기억에 쓴다면
그것은 나를 속이는 헛기침에 불과하다
나는 여전히 낡은 고무신을 신고 있으며
아직도, 나만의 하늘에 너의 이름만을 기록하고 있다

—「고백」, 전문

시인에게 '청춘'에 대한 기억은 아름답지 못하다. '나'와 '너' 한때 '서로를 향해 격렬히 흘러가는 물살' 같은, '일곱 빛깔로 물들이던 채운' 같은 그런 격렬하면서도 아름다운 사랑을 했다. 그러나 그것도 잠시. 그 사랑은 '독'이 되어 삶을 '너덜너덜해진 고무신'처럼 만들어버린 '가장 나빴던 시간'으로 '나'의 기억에 자리 잡는다. 그러기에 나이가 든 지금 '나'는 '새끼발톱처럼 뭉개졌던 나의 청춘', '독이 되었던 시간'의 기억을 잊어야 한다. 그런데 시인은 '다 잊혀졌다'고 말하면서 '그것은 나를 속이는 헛기침에 불과하다'고 고백한다. '나'는 '여전히', '아직도' '나만의 하늘에 너의 이름만을 기록하고 있다'. 왜일까. 오랜 세월 동안 '나'를 그토록 힘들게 만들었던 '나쁜' 기억의 중심에 자리 잡고 있는 '너의 이름'을 아직도 기록하는 이유는 무엇일까.

> 햇빛 없이 물도 없이 자라는 기억이 있습니다
>
> 해가 거듭될수록
>
> 꽃을 피우고 열매를 맺어 씨앗을 퍼뜨렸습니다
>
> 저희끼리 힘을 모아 성을 구축했습니다
>
> 이젠 그 성이 나를 가둬 버렸습니다
>
> 나는 굳이 탈출을 꿈꾸지 않습니다

그게 바로 당신이라는 성이기 때문입니다

— 「성城」, 전문

  시인은 지금 '기억의 성'에 갇혀 있으면서 그 성으로부터 '탈출을 꿈꾸지 않'는다. '당신이라는 성'으로 표상되는 기억은 시인의 의지와는 무관하게 '햇빛'도 '물'도 없는 불모의 상황에서도 제 스스로 '해가 거듭될수록' '꽃을 피우고 열매를 맺어 씨앗을 퍼뜨'리면서 '성'을 구축했다.

  이 지점에서 청춘과 관련된 시인의 기억이 질적 변화를 일으키는 것을 감지할 수 있다. 격렬하면서도 아름다운 청춘의 사랑이 '독'이 되어 삶을 '너덜너덜해진 낡은 고무신'처럼 만들었다는 것은 '나'와 '그대'와의 실체적인 경험에 바탕을 둔 기억에 해당한다고 볼 수 있다.

  그런데 시인은 '독'과 같은 실체적이면서 경험적인 기억을 변화시킨다. 기억을 변화시켜주는 요소는 자연이다. 「고백」에서 보듯, '밤이면 은백의 달빛'이 '안쓰러운 듯 얼굴을 쓰다듬'어 주었고, '연초록 나뭇잎 위를 기어다니며 수액을 모아 링거팩에 넣어 주었다'. 또 '창가의 프리지아'는 '나'에게 '언제든 달릴 수 있다고 목이 터져라 외'치면서 '나'를 격려했고, 또 '나'를 대신해 '슬프디 슬픈 향기를 쏟아내며' '울음을 울었다'.

  젊은 시절 '나'와 '너'의 사랑이 '독'이 된 것은 '나'와 '너'

의 관계를 둘러싼 어떤 요소 때문일 것이다. 그 요소가 무엇인지를 첫 번째 시집과 이번 시집에서 파악하기는 힘들다. 다만 이번 시집의 주조음을 이루는 자연적 측면과 관련해 그 요소를 사회문화적 맥락으로 추정할 수는 있다. 곧 이 시대와 이 사회의 문화적 맥락에 길들여진 사회적 존재로서의 '나'와 '너'가 갖는 어떤 측면으로 인해 사랑이 '독'이 된 것일지 모른다.

좌우간, 그런 사랑에 상처 받고 좌절한 시인은 살아오면서 서서히 '달빛', '연초록 나뭇잎', '수액', '프리지아' 같은 자연적 요소들에 의해 상처를 치유 받는다. 그러면서 청춘의 기억도 질적 변화를 일으킨다. 청춘에 대한 기억은 자연적 요소에 의해 사회문화적 맥락을 벗어버리고, 대신 자연적 요소들로부터 자양분을 얻어 스스로 자라 '꽃'과 '열매'와 '씨앗' 가득한 새로운 '당신이라는 기억의 성'을 잉태한다. 따라서 「고백」에서 시인이 '아직도, 나만의 하늘에 너의 이름만을 기록하고 있다'고 할 때의 '너'는 사회문화적 맥락이 개입된 실체적 기억 속의 '너'가 아니라 그런 맥락을 모두 벗어버리고 자연적인 것들과 일체가 되어 다시 태어난 '너'이다.

'너'는 어디에 있는가. '너'는 '나'를 버리고 떠났다. 그래서 '나'는 외롭게 살면서 구절초로 다시 태어나 '너'에게 가려 한다. 여기까지는 '나'의 실체적 기억 속에 있는 사회적 존재로서의 '너'이다. 그러나 자연적 요소에 의해 질적으로 변화된 기억 속에 있는 '너'는 '나'를 버리고 떠난 것이 아니다.

> 눈물마저 향기로워
> 그림자까지 젖게 하는
> 매화, 떠나가네
>
> 그 속으로
> 떠난 지 오래된
> 그대, 또다시 떠나가네
>
> ―「낙화」, 전문

'눈물마저 향기로워 그림자까지 젖게 하는 매화' 가득한 자연 속으로 '그대'는 떠난 것이다. 계절의 섭리에 따라 '매화'가 떠나 듯, '그대' 또한 자연의 섭리에 따라 자연 속으로 떠났다. '그대'는 '나'를 버리고 떠난 것이 아니다. 자연과 하나가 되어 자연으로 귀화한 것일 뿐이다. '그대'는 계절이 바뀔 때마다 그 계절을 수놓는 아름다운 자연물(매화)로 다시 '나'에게 현현했다가 '또다시' 떠나간다. '그대'는 '나'를 떠난 것이 아니다. 모든 사회문화적 맥락을 제거하고 순수한 자연 그 자체가 되어 늘 내 곁에 머물면서 언제든지 현현하는 그런 자연적 존재다.

자연적 존재로서의 '그대'와 합일하는 과정, 그것이 이번 시집의 주조음이다. 그 합일의 과정은 세 단계로 제시되고 있는데, 그 첫 번째 단계가 바로 '구절초 향기로 지은 옷 입기'이다.

여기서 다시 「근황」으로 돌아가자. 시인은 첫 시집에서 내세에 구절초가 되어 '그대' 곁에 머물 것이라 해 놓고, 이번 시집에서는 '지금 이곳'에서 구절초 향기로 지은 옷을 입는다고 했다. 왜 구절초 향기로 지은 옷인가.

> 어느 가느다란 손가락이
> 마디마디 아홉 개 통로를 열어 놓고
> 팽팽한 향기 당겨
> 텅텅, 가을 산 울리게 하는가
>
> ―「구절초」, 전문

구절초는 야생화로, 인간의 손때가 묻은 인간화된 꽃과는 달리 본래의 자연적인 모습 그대로를 간직하고 있다. 시인은 누구도 관심을 갖지 않는 야생화 구절초를 본다. 아마도 '그대'로부터 홀로 남겨진 시인 자신의 모습을 그 구절초에서 읽었을 것이다. 그리곤 그 구절초가 '어느 가느다란 손가락'이 만들어 놓은 생명체임을 인지한다. 그 '손가락'은 자연과 하나 되어 자연 속으로 떠나간 '그대'의 손가락이다. 그 순간, 들판에 남겨진 구절초는 자연적 존재인 '그대'의 현현물이 되어 그 향기를 '텅텅, 가을 산'에 울리고 있다. '나'는 '그대'와 하나 되기 위해 '그대'의 현현태인 구절초, 가을산에 가득한 그 향기로 옷을 지어 입는다.

따라서 '구절초 향기로 지은 옷 입기'에는 '그대'에 대한

'나'의 새로운 시적 인식이 자리 잡고 있다. 곧 그 '옷'에는 '독'과 같은 실체적 기억으로 고통스러워하면서도 그 기억을 자연적 요소를 통해 질적으로 변화시켜 자연적 존재로서의 '그대'를 인식하는 '나'의 오랜 세월의 시적 고투가 오롯이 담겨 있다.

시인은 이제 자연적 존재로서의 '그대'의 향기를 찾아 가을 속으로 뛰어든다.

>
> 나당 연합군 같은 가을
> 올 테면 오라,
> 서슬 푸른 눈 뜨고
> 끄떡없다, 그랬지
> 그랬지
>
> 그러나
> 홍홍색색 단장하고
> 첨벙!
> 가을 속으로
> 가장 먼저 뛰어든 건, 그녀였다

— 「내장산」, 전문

시인은 '나당 연합군 같은 가을'에 '서슬 푸른 눈 뜨고' 마주선다. 시인이 가을을 꺼리는 것은 아마도 '쇠락의 계절'로 흔히 여겨지는 가을에서 나이가 들어가는 자신의 모습을 읽었기 때문일 것이다. 그러나 '구절초 향기로 지은 옷'을 입은 시인은 이제 그 가을에서 '그대'의 향기를 맡고 '그대'와 하나 되기 위해 스스로 '홍홍색색 단장하고' 누구보다 '가장 먼저' 그 가을 속으로 뛰어든다. 그래서,

홍학이다,

텅 빈 하늘에

붉은 깃털 몇 점

그림자로 떨궈 놓고

훌쩍 날아간

―「단풍나무」, 전문

처럼, '단풍나무'에서 '홍학'을 읽고, 그 '홍학'을 통해 자연 속으로 떠난 '그대'의 '그림자'와 만난다.

3. 가을 흐르는 소리와 하나 된 꽃나무의 하얀 미소

'구절초 향기로 지은 옷 입기'는 자연적 존재인 '그대'의 현현태인 자연 속으로 '나' 스스로 뛰어들어 '그대'가 내 곁을 떠난 것이 아니라 항상 내 곁에 있다는 것을 확인하는 단계라 볼 수 있다. 그러나 이 단계만으로 '그대'와의 완전한 합일이 이루어진 것은 아니다. 그리하여 시인이 마련한

두 번째 합일 단계가 바로 '그대의 소리', 곧 '가을 흐르는 소리'를 듣고 그 '소리'와 하나가 되는 것이다.

> 날마다 답장 없는 편지를 쓴다
> 오래 머물러 있던 몹쓸 병은 깊어져
> 추억은 늘 앓고 난 얼굴처럼 까칠하다
> 하지만 정녕, 지나간 나의 청춘과
> 마음의 푸른 잔디밭을 의심하지는 않는다
> 그대는 아직도 청춘의 푸른 잔디밭 위에
> 빛나는 햇빛처럼 서 있다
> 아는가,
> 나는 그대를 향해서만 피는 남바람꽃,
> 낮은 바람에도 휘청이며 흔들리며
> 편지를 쓰는 것은
> 아직 할 말이 있어서이다
> 강변의 물처럼 재잘거리며
> 마음 속 말을 다 쏟아내지 못함 또한
> 할 말이 너무 많아서이다
> 그러나 그것은 그만큼 그대를 모른다는 것,
> 얼마나 다행인가!
> 콘크리트 건물 어둠까지 허물어뜨리는 달
> 뜨고 지고 뜨고 뜨듯
> 날마다 밤마다 답장 없는 편지
> 쓰고 지우고 다시 쓰고 또 쓸 수 있으니
>
> ─「답장 없는 편지」, 전문

시인은 지금 '그대'에게 답장 없는 편지를 날마다 쓴다. 시인은 이제 아픈 실체적 기억에 사로잡혀 있지 않다. 시인은 '지나간 나의 청춘과 마음의 푸른 잔디밭을 의심하지는 않는다'. 그리고 '그대'는 '아직도 청춘의 푸른 잔디밭 위에 빛나는 햇빛처럼 서 있다'. '나는 그런 그대를 향해서만 피는 남바람꽃'이 되어 '그대'에게 편지를 쓴다.

'나'는 '독' 같은 실체적 기억을 극복하고 '그대'와 하나가 되어 새로운 사랑을 나누려 한다. 이전 사회적 존재로서 나누는 사랑의 '말'과는 다른 진정한 사랑의 '말'을 하고 싶다. 그러나 그 사랑은 아직 여물지 않았다. '나'는 '그대'를 '아직은' 다 '모른다'. 그럴 수밖에 없다. 자연과 우주의 섭리를 어떻게 모두 알 수 있겠는가. 다만 '그대'가 자연이고 자연이 '그대'라는 것을 알고 있다. '그대'와 하나 되면 될수록 자연의 섭리를 알게 될 것이다. 그래서 편지를 쓴다. 그러나 '그대'에게서 답장은 없다. 그래도 쓴다. 이 삭막한 '콘크리트 건물'에서 모두가 사회적 존재로서 속물적 사랑만을 할 때 시인만이 자연적 존재인 '그대'만을 사랑하면서 그 사랑을 더욱 깊게 하기 위해 '날마다 밤마다 답장 없는 편지'를 쓴다.

> 그대 눈물샘 가까이 내 혀뿌리 내려
> 섣달그믐밤, 들기름 잔에 누운 백지 심지 되리
> 그 옛 밤, 그 불빛, 일 년 어둠 몰아내었듯
> 저 깊은 곳에서부터 그대 가슴 치밀며
> 우북수북 자라나는 슬픔 태우려, 다 태우려
>
> ―「백지 심지」, 전문

자연적 존재인 '그대'는 '콘크리트 건물'로 상징되는 문명에 의해, 그리고 '그대'의 존재를 망각한 사회적 존재들로 인해 존재 상실의 위기에 처해 있다. 사랑하는 이가 곁에 아무도 없는 외로운 '그대'는 슬픔의 눈물을 흘린다. 그런 '그대'를 위해 '나'는 내 온몸을 활활 불태우는 '백지 심지'가 되고자 한다. 그 심지가 '섣달그믐밤' 타올라 '나'와 '그대'가 처음 만난 '그 옛 밤', 그 어둠을 몰아내듯 '그대'의 '슬픔을 태운다'.

'백지 심지'가 되어 자신의 전부를 불태우면서 '날마다 밤마다' 답장 없는 편지를 쓰는 시인의 이러한 지극한 사랑 덕분일까. 자연적 존재인 '그대'는 비로소 자신의 '소리'를 '나'에게 들려준다.

> 당신이 내 안에 집을 지은 뒤, 심장으로 돌아와야 할 핏줄 하나가 자꾸 길을 잃었소. 그 핏줄 때문에 나는 당신의 집 가까이 벽을 세워 당신을 가두었소. 많은 눈 내려 사방이 고요한 날, 눈은 또다시 내리고 쌓여 또 하나의 벽을 세웠소. 당신과 나는 각각의 벽에 갇힌 채, 긴 겨울 먹이를 구하지 못하는 짐승이 되었소. 각각의 하늘만 바라보는 슬픈 짐승이 되었소. 우리를 의심한 별들이 자꾸 눈을 비비는 캄캄한 밤이었소. 눈 밝은 별 하나가 나의 어깨에 내려앉아 곧 봄이 올 거라고 귀띔하였소만, 아직도 그치지 않고 내리는 눈, 벽은 더없이 견고해져 갈 것이오. 아, 그러나 나는 분명히 들었소. 어느 연못을 떠돌다 온 눈, 그 눈의 몸에 묻어 온, 얼음장 쨍쨍, 금 가는 소리!

―「해빙기解氷期」, 전문

실체적 기억에 사로잡혀 있을 때 '나'와 '당신'은 각각의 '벽'을 세워 서로를 가두었다. '나'는 '당신'을 가두고 '당신'은 '나'를 가둔 채, '당신'과 '나'는 '겨울 먹이를 구하지 못하는 짐승', '각각의 하늘만 바라보는 슬픈 짐승'이 되었다. 그러나 기억의 질적 변화를 통해 자연적 존재인 '그대'를 '나'가 절절하게 사랑하면서 '나'와 '그대' 사이의 '벽'은 허물어진다. '어느 연못을 떠돌다 온 눈'은 아마도 자연적 존재인 '그대'의 현현태일 것이다. '나'는 '그 눈의 몸에 묻어 온, 얼음장 챙챙, 금 가는 소리'를 비로소 듣게 된다.

다시 「근황」으로 가자. '달빛 베고 누운 서릿발 곁에 서서'라는 표현은 자연적 존재인 '그대'와의 합일을 갈망하는 '나'가 스스로를 '서릿발' 서고 '캄캄한 밤'만 있는 어둡고 혹독한 시련의 공간으로 밀어 넣은 채 간절히 '그대'의 '소리'를 듣고자 하는 시적 치열성에 의해 가능하다. 이 시적 치열성에 의해 '나'와 '당신' 사이에 있던 '얼음' 같은 '벽'은 '눈 밝은 별', '달빛'에 의해 '챙챙' 소리를 내며 금이 간다. 금이 간 그 틈새로 '나'는 '그대'의 그리운 '목소리'를 듣는다.

    댓잎 위
    눈 내리는 소리,
    마음 가득 차올라
    비우고 또 비워도
    소리 가득 남았어라

가만히 눈 감고
　　귀 기울여 들어보니
　　천 리를 넘어
　　날아든
　　네 목소리였구나

　　　　　　　　　　　　　―「환청」, 전문

　시인은 황량한 겨울날 '댓잎 위 눈 내리는 소리'를 마음속에 가득 담는다. 그리곤 그 소리에 '가만히 눈 감고 귀 기울여 들어보니' 그 소리가 '천 리를 넘어 날아든 네 목소리'임을 깨닫는다.

　　그대에게 하고 싶은 말이 있다

　　나의 혀는
　　봄비가 내려도 좀처럼 싹 트지 않는 호두알이거나
　　가뭄에 타들어간 고추 모종이거나
　　햇볕에 잘 마른, 풀먹인 창호지 문이거나
　　불을 쉽게 허락하지 않는 생솔가지였다

　　그러나 이제
　　바람에 일렁이는 나뭇잎 만지면
　　음계音階가 손끝으로 전해질 나이,
　　꽃봉오리만 바라보아도
　　꽃 피는 소리 들을 수 있는 나이,
　　입안에, 만개한 목화송이 밍밍하게 머문 것같이라도
　　그대에게 하고 싶은 말이 있다

메꽃 피어나는 이른 아침이어도 좋겠다
초저녁별이 처마 밑을 기웃대는 저녁이어도 좋겠다
무릎에 그대의 머리를 얹고
먼 옛날을 함께 기억해낼 수 있다면
언제라도, 그대에게 하고 싶은 말 할 수 있겠다

—「그대에게 하고 싶은 말이 있다」, 전문

누구나 자연의 '소리'를 들을 수 있는 것은 아니다. 긴 세월 '나쁜 청춘의 시간'을 질적으로 변화시켜 자연적 존재인 '그대'와 하나가 되기 위해 자신의 전부를 희생한 시인만이 그 '소리'를 들을 수 있다.

'너'와의 실체적 기억에 사로잡혀 있을 때 시인은 불모성 그 자체였다. '봄비가 내려도 좀처럼 싹 트지 않는 호두알', '가뭄에 타들어간 고추 모종', '풀먹인 창호지 문', '불을 쉽게 허락하지 않는 생솔가지'였다. 그러나 아픈 실체적 기억을 질적으로 변화시키는 지난한 시적 삶을 살아오면서 시인 스스로도 질적으로 변화한다. '바람에 일렁이는 나뭇잎'을 만지면서 '음계'를 느끼고, '꽃봉오리만 바라보아도 꽃 피는 소리'를 들을 수 있게 된 것이다. 그럴 때 '나'는 '메꽃 피어나는 이른 아침', '초저녁별이 처마 밑을 기웃대는 저녁'에 '그대'의 머리를 무릎에 얹고 '그대'에게 그동안 하지 못했던 말을 할 수 있다. 아마도 그 말은 사회문화적 맥락에 길들여진 사회적 존재의 '말'이 아니라, 자연적 존재로서의 '나'와 '그대'가 나누는 자연의 '소리' 그 자체일 것이다.

이제야 알겠네

강물이 천 년 만 년

흐를 수 있었던 건

아름다운 구름

화려한 단풍을 만날지라도

다!

거기, 두고

홀홀 떠난 데 있었음을

—「몸으로 보여 준 말씀」, 전문

 '나'와 '그대'의 사랑에 사회문화적 요소가 개입될 때 그 사랑은 '독'이었다. 그런데 자연적 요소에 의해 그 사랑이 질적 변화를 일으키면서 그 사랑은 '천 년 만 년' 변함없는 자연적 사랑으로 승화한다. 시인은 그런 사랑을 '강물'이 '몸으로 보여 준 말씀(소리)'을 통해 깨닫는다. 강물이 천 년 만 년 흐르면서 모든 존재를 사랑할 수 있는 것은 그 존재를 있는 그대로 소중하게 여기고 사랑하기 때문이다. '아름다운 구름', '화려한 단풍'을 만나더라도 '다! 거기, 두고' '홀홀 떠'날 수 있는 마음, 그것이 '나'가 사랑하는 '강물'이

'소리'로 깨우쳐 준 사랑의 섭리이다.

사회적 존재로서의 인간은 사랑하는 이를 있는 그대로 소중하게 사랑하지 않는다. 그는 이기적이고 개인주의적인 사회문화적 제도에 길들여져 사랑하는 이를 대상화해서, 자신의 입맛에 맞게 변형시키고 길들이고 나아가 물건처럼 소유하려는 집착에 빠진다. 그것이 사회적 존재로서의 인간의 사랑법이다. 그런 사랑의 기억 때문에 시인은 긴 세월을 아파했다. 그러나 이제 시인은 자연적 사랑의 섭리를 깨닫고 모든 존재가 그 자체의 아름다움을 간직한 채 서로를 소중하게 여기면서 사랑하는 법을 깨닫는다.

> 바람소리 물소리 엮어 만든
> 푸른 날의 오두막에
> 너라는 이름을 가진 별 하나가
> 반짝반짝 빛을 내고 있다
> (중략)
> 너라는 별만 바라보다가, 그만
> 내 이름마저 잊게 되었다
> 아직 멀었다,
> 나의 이름을 기억해 내기엔
>
> ― 「너라는 이름을 가진 별 하나가」에서

'바람소리 물소리 엮어 만든 푸른 날의 오두막'에 있는 '너라는 이름을 가진 별 하나'. 시인은 이제 그 별만 바라보며 살아간다. 자연과 하나가 된 '그대', 그런 '그대'의 소리를 듣는 시인. 그 결과 시인은 지금까지 지녀온 '나의 이름', 곧 사회문화적 관계망에서 지어진 '이름'을 잊게 된다. 대신 시인은 자연적 존재로서 새롭게 태어나고자 한다.

> 차마 못한 말,
> 학이 수놓여진 비단주머니 안에 넣어 뒀습니다
> 그대여, 혼자였으나 혼자라는 사실이 믿기 어려울 때
> 얼레를 풀듯 명주실 살살 풀어 보세요
> 비단주머니를 열어 보세요
> 푸른 하늘이 환하게 열릴 거예요
> 눈부신 학이 눈을 비비며 날갯짓할 거예요,
> 풀잎 끝 이슬이 툭, 제 몸을 던지듯
> 차마 못한 말, 씨울씨울 전해 줄 거예요
> 그 학을 타고 오세요
> 학연鶴鳶처럼 솟구치듯 날아
> 자작나무 숲으로 오세요
> 그곳에
> 돌의 입을 가져 반백 년 고독한 꽃나무,
> 자작나무같이 하얀 미소 지으며
> 그대, 기다리고 서 있을 테니

—「돌의 입」, 전문

시인은 '그대'가 돌아와 숨 쉴 수 있는 곳을 마련하기 위해 스스로 '돌의 입을 가져 반백 년 고독한 꽃나무'가 되고자 한다. 그 '꽃나무'는 '푸른 하늘이 환하게 열'리고, '눈부

신 학'이 날갯짓하고, '풀잎 끝 이슬'이 제 몸을 던져 사랑의 말을 하는 그런 존재이다. 시인은 자신의 전부를 불태워 자신을 희생하면서 새롭게 탄생하여 '그대'만을 위한 '고독한 꽃나무'가 되어 '자작나무같이 하얀 미소 지으며' '그대'를 기다리고 있는 것이다.

4. 자연의 소리 받아 적기, 그리고 열여덟 소녀의 황홀한 첫날밤

>신시도 바람이 바위틈에 낳은 꽃
>
>한여름 내내 알을 품듯
>
>바위가 품어 길러낸 꽃
>
>간질이면
>
>열여덟 살 소녀같이 까르르르 웃는,
>
>신시도 해국!
>
>―「신시도 해국海菊」, 전문

자연의 '소리'를 통해 자연적 존재인 '그대'와 하나가 되고자 하는 시인은 이제 '그대'처럼 자연적 존재인 '열여덟 살 소녀'로 새롭게 탄생한다. '그대'를 향한 뜨거운 사랑을 간직한 이 '소녀'는 '그대'와 하나가 되어 '그대'의 생명력 넘치는 '소리'를 '하나 둘 받아 적기' 시작한다. 이것이 세 번째 합일 단계이다.

(i)
오동나무 가지 위
이름 모를 저 새
지저귀는 소리,
가야금 현絃 위
통통, 뛰노는 물방울 같다

봄에게도 귀가 있어
햇빛 조는 언덕에
노란 민들레 앉혀 놓고
한 발짝 비켜 앉아
까딱까딱, 발장단 치고 있다

—「봄에도 귀가 있어」, 전문

(ii)
봄꽃 데리고 호수로 소풍 왔던 산山아,

물고기 한 마리 호수를 박차고
또 튀어올랐다
저 물고기, 처음 본 봄꽃 못 잊어
여름 다 가도록
쓰디쓴 허공만 베어 물고 있단다

—「병病」, 전문

(iii)
봄이 출렁거리니 꽃들이 튀어오른다

아가야, 아장아장 걸어가 그물 가져오너라

첨벙첨벙, 봄 속으로 뛰어들어 꽃 건져 주마

— 「봄맞이」, 전문

 (i)에서는 '오동나무 가지 위'에서 지저귀는 새 소리를 듣고 '가야금 현 위 통통, 뛰노는 물방울' 소리를 떠올리며 '까딱까딱, 발장단 치'는 생기발랄하고 흥겨운 봄의 모습을, (ii)에서는 산을 따라 호수로 소풍 온 봄꽃, 그 꽃을 처음 본 물고기가 '여름 다가도록 쓰디쓴 허공만 베어 무는 모습'을 통해 자연 존재물의 한결같고 애끓는 사랑을, (iii)에서는 봄바다의 물고기처럼 튀어오르는 봄꽃, 그 봄꽃과 하나 되어 뛰어노는 '아가'와 '나'의 모습을 만날 수 있다. 이 모습들은 자연적 존재인 '그대'의 '소리'를 듣고, 그 생명의 소리를 '하나 둘' '받아 적는' 시인이기에 가능한 표현이라 할 수 있다. 이러한 시적 표현은 인간이 주체가 되어 자연을 대상화하고 그 대상을 수사적 이미지로 묘사하는 시들이 결코 시화할 수 없는 영역에 자리 잡고 있다. 자연적 존재가 되어 자연과 신명나는 사랑을 나누는 시인 이소암만이 시화할 수 있는 영역이 아닐 수 없다.

(i)
꽃나무 저것들, 꽃 피우는 걸 보면
겨울 한철 땅속 깊이에서
온갖 불륜 다 저질렀을 게야
불륜이 아니고서는
저렇게 간절한 꽃 피워낼 수 없을 테지
그래도 세상은 질서가 필요하다고
눈치 빠른 바람이 칼자루 빼어들고
요것들, 하면서 휘둘렀을 게야
지은 죄 많은 저것들
할 수 없이
순순히 목 내주었을 게야

네 목을 만져 봐, 넌 생생하니?

—「너에게 안부를 묻다」, 전문

(ii)
살구꽃 대문은 자주색 대문
살구꽃 대문은 다섯 쪽 대문인데
저런! 오늘 보니 발라당 뒤집혔다

누구냐,
살구꽃 불러낸 놈
조신한 살구꽃 환장하게 만든 놈, 너냐?

—「바람에게」, 전문

시인의 '자연의 소리 받아 적기'는 자연의 모든 존재물들의 내밀하면서도 농밀한 사랑 '받아 적기'로 나아간다. 이 '받아 적기'는, '불륜', '발라당', '환장하게', '저것들', '놈'이라는 표현에서 보듯, 자연적 존재로서 '나'와 '그대' 또한 모든 사회문화적 맥락과 관련된 탈을 벗고 자연 그대로의 알몸으로 기꺼운 사랑을 나누고 싶다는 시인의 자연스러운 욕망의 드러냄이기도 하다.

오다 가다 만난 꽃

가다 오다 만난 꽃

단 하나의 이름 있네,

눈·부·시·다·그·꽃!

— 「눈·부·시·다·그·꽃!」, 전문

시인 이소암의 '소녀'는 언제 어디를 가든 '그대'와 하나가 되어 자연적 사랑의 환희를 노래한다. '오다 가다 만난 꽃', '가다 오다 만난 꽃'을 두고 '소녀'는 사회적 존재로서 인간적인 색채를 부여하지 않는다. '진달래꽃', '개나리꽃' 등처럼, 인간이 부여한 이름이 지배하는 인간중심적인 인식틀에서는 자연의 생명력 넘치는 '소리'를 '하나 둘 받아 적을' 수가 없다. 「몸으로 보여 준 말씀」의 '강물'처럼, 자연의 모든 존재를 있는 그대로 사랑하고 아낄 때 진정한 자연적 사랑이 가능하다. 그럴 때 '눈·부·시·다·그·꽃!'이라는, 극적 감탄이 발화될 수 있고, 또 그 감탄의 '소리'에 의해 '꽃'은 자연적 존재로서 자신의 진정한 '이름'을, 그리고 진정한 존재적 본질을 회복하게 되는 것이다.

이제 '열여덟 살 소녀'는 '그대'와 새로운 '첫사랑', 새로운 '첫날밤'을 보내려고 한다. 그 '첫사랑의 첫날밤'은 인간이 자연을 지배하고 인간이 인간을 지배하는 그런 사회적 존재의 첫날밤이 아니다. 인간과 자연이 하나 되어 자연의 '소리'로 교감하면서 서로를 애틋하고 소중하게 사랑하는 황홀한 '첫날밤'이다.

> 달이 또 다른 창을 낼지 몰라요
> 그러면 별도 따라 내려올 거예요
> 잠들지 못한 뒷집 삽살개도
> 발뒤꿈치 들고 엿보려 하겠지요
> 둘만의 첫날밤을 위해
> 암막커튼으로 단단히 가려야 해요
> 서둘러 불을 꺼야겠지요
> 하지만 우리는 잠들지 않을 거예요
> 초조와 불안이 공격해 오더라도
> 서로의 생生에,
> 하나의 뿌리를 내려야 하니까요
> 추위에 떨 겨울새를 위하여
> 새장을 지어야 하니까요
> 밤새워 지어야 하니까요
> 아침이 달려오는 소리 들리기 전

암막커튼을 활짝 젖히고, 창밖으로
　　빠알간 새장을 매달아 두겠어요
　　겨울새들,
　　휴식을 취하며
　　두꺼운 외투 준비하겠지요,
　　첫눈 내리기 전까지

　　　　　　　　　　　　　　　—「봉숭아물」, 전문

5. 멋들어진 거문고 소리 가득한 시를 위해

　　눈 내리는 밤
　　텅 빈 늙은 매미의 관棺
　　등나무 가지에 매달려
　　詩여,
　　生이여,
　　흔들흔들 연주를 한다
　　귀 세운 함박눈 가로등 주위로
　　어깨 좁히며 밀려 밀려드는데
　　나는 가만히 내 몸을 두드려 본다
　　현絃 끊어진 거문고라도
　　될 수 있나 하고

　　　　　　　　　　　　　　　—「악기樂器」, 전문

　시인은 자신의 '시'와 '생'을 두고 '텅 빈 늙은 매미의 관'으로 폄하하고, 또 '현 끊어진 거문고라도 될 수 있나'라고 자책한다. 그러나 이러한 표현은 시인 이소암의 겸손의 표현에 불과하다. 이번 시집에서, 시인의 시와 시적 삶은 '소리'를 통해 자연과 하나가 되는 자리로 걸음을 옮기고 있다. 그 자리는 자연을 인간화하면서 자연의 서정성을 노래하는 지금까지의 자연서정시가 위치한 자리가 아니다. 인간에 의해 의미가 부여되고 인간의 시각에 의해 이미지화되는 그런 자연서정시는 우리 시단에 너무 흔하다.

 이소암의 시는 인간과 자연의 경계를 허물고 양자가 하나 되는 세계로 나아가고 있다. 이소암 시가 나아가고자 하는 이러한 영역은 자연과 관련된 삶을 다루는 시가 나아갈 수 있는 최상급의 영역에 해당한다. 인간이 자연을 지배하고, 또 그런 인간이 정보 메커니즘에 의해 지배당하는 그런 비인간화의 시대로 치달리는 지금의 상황을 염두에 둘 때 특히 그러하다. 그의 시쓰기가 사회적 존재의 '말'에서 자연적 존재의 '소리'를 더욱 가열하게 지향하고, 그래서 그 '소리'의 본질의 극한에까지 나아가 자연과 우주의 섭리를 파악하고, 이를 삶 속에 투사해 시화하는 '멋들어진 거문고 소리'로 가득하기를 기대한다.

이소암 Lee So-am

전북 김제 출생, 군산대학교 대학원 국어국문학과를 졸업했다.
2000년 『자유문학』으로 등단하였고, 시집으로 『내 몸에 푸른 잎』이 있다.
한국작가회의, 전북작가회의 회원이며, 현재 군산대학교 평생교육원 문예창작 전담교수로 활동 중이다.

E-mail : lsa6246@hanmail.net

눈·부·시·다·그·꽃!

지은이 | 이소암
펴낸이 | AHN JANE LEE
펴낸곳 | 도서출판 시와시학
1판 1쇄 | 2016년 11월 15일
출판등록 | 2016년 4월 11일
등록번호 | 제300-2016호
주소 | 서울시 종로구 혜화로 3가길 4(명륜1가)
전화 | 02-744-0110
FAX | 02-3672-2674
값 9,000원

ISBN 979-11-87451-05-1　03810

* 저자와의 협의에 의해 인지를 생략합니다.
* 잘못된 책은 바꾸어 드립니다.
* 이 책은 국가문화예술진흥기금을 받아 제작되었습니다.